GUIDE DU VISITEUR

AU

CHATEAU D'ÉCOUEN

Pierre Charles Armand
Clayeaux de Grandmaison

CHÂTEAU D'ÉCOUEN (EN 1846)

CHATEAU D'ÉCOUEN

NOTICE

HISTORIQUE ET DESCRIPTIVE

PAR M***

AVEC GRAVURES.

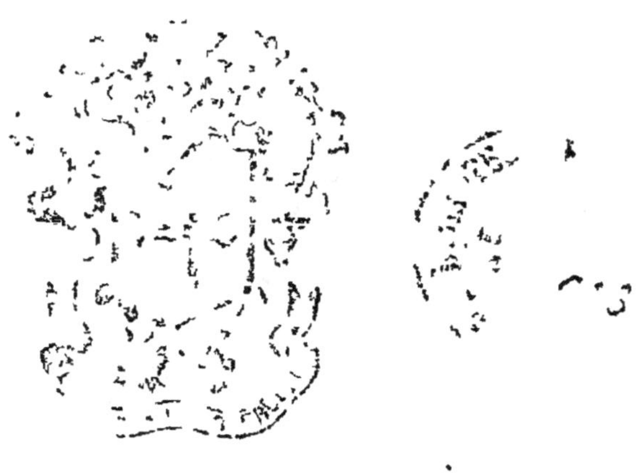

PARIS

LIBRAIRIE DE SAINT-JORRE.

1840

GUIDE DU VISITEUR

AU

CHATEAU D'ÉCOUEN

NOTICE

HISTORIQUE ET DESCRIPTIVE

PAR M***

AVEC GRAVURES.

PARIS.

LIBRAIRIE DE SAINT-JORRE,

7, BOULEVARD DES ITALIENS

1846

TYP. LACRAMPE ET COMP. RUE DAMIETTE, 2.

GUIDE DU VISITEUR

AU

CHATEAU D'ÉCOUEN

INTRODUCTION HISTORIQUE.

Paris est entouré de châteaux, de palais magnifiques et splendides; il n'en est pas de plus intéressant que le château d'Écouen.

L'édifice n'est point immense, le domaine est exigu, mais le monument est grandiose et le site admirable.

Le fier mamelon d'Écouen termine noblement la chaîne des montagnes au pied desquelles serpente la célèbre vallée de Montmorency.

Il domine, *au midi,* le paysage pittoresque qui le sépare de la capitale, dont on aperçoit les approches, et plus loin les tours et les coupoles.

Au levant et au nord se voit la magnifique plaine nourricière où trône Gonesse.

Au couchant, le joli vallon de Saint-Brice.

Les points de vue, les tableaux surabondent : pour en jouir il n'est pas besoin d'affronter la grande chaleur; vous promenant, vous reposant tour à tour dans un bois charmant, vous contemplez à loisir la vaste étendue : plus elle est éclairée, plus elle est belle, plus vous auriez à souffrir d'un soleil incandescent !... C'est alors que vous appréciez la position, unique peut-être, qui vous permet de vous transporter circulairement, de vous poser en face de points de vue différents, sans quitter de frais ombrages.

Ce bois, de 88 à 90 hectares (170 à 180 arpents environ), enveloppe de trois côtés le château, qu'il laisse entièrement découvert au nord.

De ce côté, le château présente une superbe façade précédée d'une grande terrasse, le tout au point culminant de la montagne, dominant une plaine immense.

De cette plaine l'aspect du château est tellement imposant et saisissant, qu'il ne peut être surpassé, sous ce rapport, par tel autre château que ce soit, fût-il royal.

Jusqu'à un certain point même ce nom doit lui appartenir ; nous dirons bientôt à quel titre.

L'existence d'un château au plus haut de la montagne d'Écouen remonte à des temps bien loin de nous ; et ce devait être un *château-fort*. Nous avons expliqué la position de ce mont dominateur, sur lequel on a dû tout naturellement placer, non-seulement la sentinelle avancée du territoire seigneurial, mais son *principal donjon*.

Tout prouve, en effet, que ce château fut *le manoir* d'où sortit la grande, belle et noble famille des Bouchard, devenue célèbre dès l'an 487, alors que, sous

Clovis Ier, Bouchard, héros à Tolbiac, reçut de son roi le fief de Montmorency et le titre de premier baron chrétien.

Le château d'Écouen ne cessa pas d'être le *manoir* de cette illustre famille.

En 960, ce château et ses vaillants défenseurs arrêtèrent et firent retrograder l'empereur Othon Ier, marchant sur Paris à la tête de soixante mille hommes.

En 1540, nous y rencontrons le connétable Anne de Montmorency, qui en avait hérité en 1527, de Roland de Montmorency.

A grands honneurs grandes douleurs : le connétable n'échappa point à cette loi commune... Il tomba en défaveur... Plusieurs l'attribuent à l'insistance qu'il mit dans le conseil pour qu'on s'en rapportât à la parole de Charles-Quint. Ce monarque, qui demandait passage à travers la France, promettait à François Ier le duché de Milan, mais ne voulait le lui donner qu'*après avoir* châtié les Gantois... La loyauté du connétable ne lui avait pas permis de douter de celle d'un grand empereur.

Ce ne peut être le motif bien réel de cette disgrâce, qu'il faut imputer plutôt à une intrigue de cour, suscitée par la jalousie qu'inspirait la haute position du connétable. Quoi qu'il en soit, la blessure fut profonde. — Anne de Montmorency n'était pas seulement un serviteur dévoué de François Ier, à côté duquel il combattit et fut fait prisonnier à Pavie... S'il aimait le roi, qui lui avait accordé, en retour, toute sa confiance et son amitié; perdre l'une et l'autre fut un coup déchirant pour le connétable!... Exilé de la cour, il se retira dans son château d'Écouen.

Selon les historiens du temps, Anne de Montmorency, grand homme de guerre, forte tête, n'avait point négligé de s'instruire; il maniait également bien l'épée et la plume, et prit une part active, ainsi qu'on va le voir, au mouvement artistique qui signala l'époque de la renaissance.

Disgracié, inoccupé, que fera le connétable?... Il rebatira son château; le vieux manoir, les machicoulis, les poternes, les tourelles, disparaîtront; et sur leurs bases, il construira un palais; il chargera de cette édification, qu'il dirigera et surveillera, les artistes les plus célèbres du temps, et d'abord, comme architecte, un élève de Pierre Lescot : Jean Bullant.

Les travaux commencèrent en 1545.

La construction du nouveau château paraît avoir duré plus de dix années; peut-être même n'a-t-il été entièrement fini qu'en 1557? Nous reviendrons sur cette conjecture.

Des descriptions, qui remontent vers cette date de 1557, énoncent que le château consistait en quatre corps de bâtiment, élevés au pourtour d'une cour carrée, flanqués aux quatre angles de pavillons plus élevés.

Le corps de bâtiment au levant, où se trouvait la porte principale, se composait d'une simple galerie, ouverte à l'intérieur de la cour, et d'un étage au-dessus. Mais au milieu de ce corps de bâtiment s'élevait une très-haute construction, présentant au rez-de-chaussée l'entrée principale, au-dessus de laquelle on lisait ces mots :

Æquam memento rebus in arduis servare mentem.

Les visiteurs ordinaires n'y voyaient que l'expression d'une noble et paisible résignation de la part du connétable... Certains érudits prétendent y découvrir une sorte de jeu de mots, dans l'esprit du temps. Suivant eux, ce vers d'Horace aurait été choisi à cause de la consonnance du mot *Æquam* avec le nom d'Ecouen, et, traduisant fort librement, ils lisent :

« Souvenez-vous que le moyen d'adoucir, de surmonter les plus grands chagrins, c'est de garder *Ecouen*. »

Ce portique comportait, au-dessus de l'entrée, deux étages superposés et diversement décorés : les colonnes de l'étage inférieur étaient d'ordre dorique ; celles du second étage, d'ordre ionique ; l'étage supérieur était décoré de figures de Termes ou cariatides, accouplées de chaque côté d'un renfoncement en arcade, où l'on avait placé la statue équestre du connétable.

Les autres corps de logis furent bâtis d'une manière uniforme entre eux, et selon les principes de l'architecture créée par Jean Bullant et Philibert Delorme.

A l'entrée du château, sous la voûte du portail, on voyait l'œuvre célèbre de sculpture de Michel-Ange, les deux Esclaves.

La cour, disent quelques-uns, était *pavée* en marbre de diverses couleurs, formant, au moyen de nombreux compartiments, de riches dessins mosaïques ; d'autres parlent seulement du *tracé d'un laby-rinthe* : c'était le goût du temps ; on en retrouve assez souvent des *specimens* dans le dallage d'anciennes églises.

Les toits étaient terminés au faîte par une large bande de plomb découpée, sorte de crête, aboutissant à des porte-girouettes de dimension colossale, représentant saint Georges, saint Michel, ou des chevaliers comme eux armés de toutes pièces, le tout d'un fini parfait.

L'intérieur était somptueux ; la sculpture, la peinture avaient tout recouvert jusqu'aux plafonds ; le plancher était carrelé en marbres rares, ou en matière alors bien plus précieuse, en *faïence de Bernard Palissy*, aux mille couleurs, représentant les chiffres, armes et devises de la maison de Montmorency et de ses alliances.

Le vitrage de toutes les croisées était colorié.

Sur les vitres de la galerie, fond grisaille, ou avait représenté, au trait, rehaussé couleur d'or, l'histoire de Psyché, d'après les dessins de Raphael[1].

Le connétable avait réuni dans cette magnifique

1 Ces vitraux ont eu beaucoup à souffrir, soit par l'irruption, soit par l'abandon des révolutionnaires. Recueillis, plus tard, par le fervent M. Lenoir, dont le zèle ne sera jamais trop apprécié, ils furent placés au musée dit des Petits-Augustins, créé par lui, en dépit d'immenses obstacles ; ils ont été transportés, en 1817, à Chantilly, et ceux qui ont résisté à tant de déplacements sont agencés avec assez de bonheur à plusieurs fenêtres du château de cette résidence principière.

demeure d'innombrables tableaux, des statues, des bustes, exécutés par les maîtres les plus célèbres.

Dans les curiosités d'un autre ordre, on cite une table de grande dimension, formée d'un seul cep de vigne et encadrée de précieuses mosaïques : on croit que c'est celle qui se voit maintenant au château de Chantilly et sur laquelle on lit cette phrase répétée :

« *Dieu et mon grand service.* »

La chapelle, chose très-précieuse, après tant d'autres, resplendissait de peintures, de dorures et de sculptures en marbre, en pierre, en bois, qui s'y étaient disputé les places depuis le sol jusques et y compris les voûtes.

Un lambris très-varié, en marqueterie de bois de couleurs diverses, s'élevait tout autour à plus de huit pieds de haut. Les grandes fenêtres en ogive étaient fermées de vitraux de couleur d'une grande beauté ; ils ont disparu aux temps néfastes.

Le maître-autel en marbre blanc, objet capital, était à lui seul un petit monument : il ne s'arrêtait pas au retable, mais, se renfonçant, il continuait à s'élever à près de trois mètres au total : soubassements, frises, colonnes, corniches, rien n'y manquait.

Jean Bullant en était l'architecte et le sculpteur ; ainsi étaient ou avaient été l'un et l'autre Jean Goujon, Michel Ange, etc.

Dans le renfoncement, en arrière du retable, Bullant avait sculpté un superbe bas-relief, représentant le sacrifice d'Abraham ; et au-devant d'autel, les figures de la Foi, de l'Espérance et de la Charité, celles des évangélistes, et des chiffres, des arabesques d'un fini précieux [1].

A côté de la chapelle existait une petite pièce ou oratoire à voûte surbaissée, qu'on peut présumer avoir été l'emplacement de fonts baptismaux ; elle était décorée et éclairée d'une manière absolument conforme à la grande chapelle, l'une et l'autre étaient pavées en carreaux de faïence de Palissy, représentant des traits de l'histoire sainte.

François Ier était mort à Rambouillet en 1547. Henri II, son fils, n'avait pas tardé à rappeler le connétable à ses conseils, à son armée. Pour un favori ordinaire, c'eût été l'occasion de jouir le plus paisiblement, le plus agréablement que possible de l'existence ; pour le connétable ce fut le moyen de rendre de nouveaux services à la France et au roi ; il s'y dévoua activement jusqu'au dernier jour de sa vie : commandant l'armée royale contre les huguenots, en 1563, à la bataille de Saint-Denis, démonté, ayant reçu huit blessures, il fut tué d'un coup de pistolet par l'Écossais Robert Stuart.

Le connétable Anne de Montmorency était alors âgé de plus de quatre-vingts ans.

Les travaux pour l'embellissement du château n'avaient point été suspendus ; ils furent continués et

[1] Ce maître-autel se voit maintenant dans la chapelle du château de Chantilly.

achevés par François de Montmorency, fils du connétable.

La famille de Montmorency continua à jouir paisiblement de ce magnifique palais jusqu'en 1632,
époque à laquelle le cardinal de Richelieu fit périr
sur l'échafaud l'infortuné duc de Montmorency, Henri
deuxième du nom, qui avait pris part à la rébellion
de Gaston d'Orléans.

Toutes ses propriétés furent confisquées, puis ren-
dues à Charlotte de Montmorency, sa sœur, mariée à
Henri de Bourbon, prince de Condé, en 1639.

A la révolution, le château et ses dépendances furent confisqués sur *l'émigré* Condé !

En 1793, il servit d'hôpital militaire, et, en 1805,
de caserne pour les vélites de la garde impériale.

- En 1807, Napoléon y institua une maison d'éduca-
tion pour les filles et les nièces des membres de la
Légion-d'Honneur ; il nomma pour directrice madame
Campan, ancienne lectrice de la malheureuse reine
Marie-Antoinette.

Lors de l'irruption de l'étranger, en 1814, Écouen
étant envahi et dépassé, madame Campan redouta
pour ses élèves d'horribles conséquences et réclama la
protection du général Sacken : un poste de quatre
soldats russes fut la sauvegarde de l'établissement.

En 1815, le château d'Écouen fut restitué au prince
de Condé ; plus tard, le duc de Bourbon, son fils, en
hérita ; il est mort en 1830, après avoir institué pour
légataire universel M. le duc d'Aumale, son filleul, en
le chargeant de différents legs particuliers, notam-

ment de celui du château d'Écouen, qu'il affecta à la fondation d'un pensionnat où seraient élevés des fils de militaires ayant fait partie de l'armée de Condé ou des troupes vendéennes. Le légataire universel était tenu de payer chaque année une subvention de cent mille francs pour l'entretien de ce pensionnat.

En 1833, le conseil d'État ayant déclaré la condition fondamentale de ce legs inadmissible, *comme contraire aux lois de l'État*, la propriété du château et de ses dépendances demeura au légataire universel jusqu'en 1838, époque à laquelle la Légion-d'Honneur réclama cette propriété comme l'ayant *achetée et payée* en 1806. Sa juste réclamation ayant été accueillie, elle rentra en possession du château et de ses dépendances; elle en perçoit maintenant les revenus et elle y fait faire les réparations d'entretien les plus indispensables; mais, depuis 1815, le château d'Écouen n'a pas cessé d'être vacant et totalement dégarni.

Malgré cette sorte d'abandon, il n'en conserve pas moins un grand intérêt pour les savants, les poetes, les artistes, pour les hommes d'esprit et de goût, un grand attrait pour tous.

L'aspect grandiose, les belles proportions, les charmants détails, le site admirable et les délicieux entours de ce château, attireront toujours des visiteurs [1].

En moins de deux heures vous êtes à Écouen. A

---

[1] Des voitures très-commodes, ayant trois ou quatre départs dans la matinee et autant dans l'après-midi (même nombre de retours), se trouvent à Paris, rue du Faubourg-Saint-Denis, n° 12, passage du Bois-de-Boulogne.

peine avez-vous quitté la grande route, vous entrez sous bois; une allée semi-circulaire, une sorte de long berceau, comme vous n'en ayez vu nulle part, vous conduit mystérieusement, en quelque sorte, jusqu'à la grille d'entrée..... Tout à coup apparaît..... LE CHATEAU !

Traversez la pelouse, jetez un coup d'œil sur la belle étendue qui se développe à votre droite, ce n'est qu'un coin du tableau que nous vous signalerons plus tard, quand vous serez sur la terrasse du château.

Entrez sur le pont qui traverse le fossé, arrêtez-vous et remarquez l'assiette du château ; vous reconnaîtrez facilement qu'il repose sur les fondations de l'ancien manoir, du château féodal, du château-fort de 960. Cet énorme soubassement en cubes de grès affecte encore la forme ronde des tours qui le surmontaient et qui ont été remplacées par les pavillons carrés que vous voyez.

Dans les vastes flancs de ces épaisses fondations existe une immense citerne pouvant contenir environ deux cent cinquante mètres cubes et qui n'a jamais tari ; elle est alimentée par l'égout des toitures considérables du château et autres dérivations de la pluie ; elle a toujours fourni aux besoins du château, et même une partie des habitants du village profitent de la permission d'y venir prendre l'eau dont ils ont besoin.

Arrivés au devant de la porte principale, au lieu du beau portique à trois étages, d'un frontispice magnifique et de la statue équestre du connétable, vous trouvez une bâtisse des plus simples, un rez-de-chaussée couvert en ardoise, ouvrant par une porte cochère sur la cour du château. C'est que, vers 1740, le beau portique menaçant ruine, les Condé, alors propriétaires, firent démolir tout ce corps de bâtiment, et la cour intérieure resta entièrement visible du dehors.

En 1807, lors de l'institution du pensionnat, on sentit l'inconvénient de livrer aux regards curieux et indiscrets du public les allées et venues des dames et des demoiselles du pensionnat, on édifia cette galerie surbaissée qui, masquant de nouveau la cour de ce côté, rétablit la communication entre le pavillon nord-est du château et la chapelle. Cette construction, ces pauvres colonnettes sous la voûte, tout cela est mesquin, disgracieux, mais suffit relativement au but principal qu'on s'était proposé.

Dans la cour, le pavage en marbre, disparu depuis longtemps, a été remplacé par de très-petits pavés de silex, soit gris, soit noirs, ingénieusement disposés pour former d'abord un encadrement et pour figurer au milieu la grand'croix de la Légion-d'Honneur ; ce pavage n'est pas sans quelque mérite.

Examinez l'aspect général des bâtiments, les fenêtres, les toits, jusqu'aux cheminées, tout est orné de sculptures. Vous y voyez gravé le mot :

ΑΠΛΑΝΩΣ,

simple et noble devise :

(Qui ne devie point, — immuable.)

Au corps du bâtiment à gauche apparait un magnifique portail d'un seul ordre d'architecture, le corinthien, de belle et grande proportion, embrassant la hauteur de trois étages...

La critique s'est exercée, bien à tort, selon nous, non sur le portail en lui-même, mais sur l'emploi qu'on en a fait, et sur les disparates entre la façade de gauche et la façade de droite ; elle y a vu un anachronisme ; elle a eu raison, mais elle l'a bafoué, elle a eu le tort de n'avoir pas tenu compte de l'époque où il a été commis... Certes, sous le rapport de la seule architecture, on est choqué de l'existence de ce portail, qui, coupant toutes les lignes architecturales, entaillant, dépassant le bord du toit, apporte un désordre réel dans l'ordonnance primitive. Ce portail n'est qu'un placage, une pièce de rapport, c'est évident ; car toutes les dispositions, conformes à celles de la façade de droite, se laissent deviner très-facilement derrière l'épaisseur du portail critiqué. Point de reproche donc au plan de Jean Bullant, qui n'y avait point fait entrer ce portail. Les deux façades nord et sud étaient semblables ; l'idée du portail est venue après coup, intempestivement, si l'on veut ; mais, cette concession une fois faite, quels éloges et combien de reconnaissance ne doit-on pas au prince et à son architecte !

L'aurore de la *renaissance* resplendissait alors de plus en plus ; tous ceux qui avaient le génie, l'amour des beaux-arts, étaient émus ; ils avaient *soif* des chefs-d'œuvre dont nos artistes français, revenant d'Italie, leur apportaient les dessins : ils brûlaient du désir de les *réaliser ;* et, n'ayant ni le temps, ni la fortune nécessaires à la construction de ces temples, de ces arcs de triomphe grecs ou romains, ils en reproduisaient quelques fragments de leur mieux et là où ils le pouvaient : aussi quel grandiose, quelle fermeté dans l'exécution générale de ce portail ! Quelle pureté, quel fini dans les détails, dans le fouillé de ces feuilles d'acanthe, dans le modelé de ces branches de laurier, dans la délicatesse des ornements dont sont recouverts ces casques, ces glaives, etc., etc. — Partout de l'air, des broderies !... Ces grands artistes, nos maîtres, ont tout surmonté, même leur amour-propre d'architecte, pour nous laisser de beaux modèles d'après l'antique. Admirons, remercions, tâchons de les imiter... On défie de citer un seul monument moderne de *même nature* qui puisse soutenir la comparaison avec ce portail du château d'Écouen.

La façade au fond de la cour, plus simple que les trois autres, offre, dans la décoration et l'ajustement de sa porte principale conduisant aux jardins, l'imitation d'un arc de triomphe antique ; ce fut même sa destination première. Les châssis vitrés et la porte pleine, qui en ferment l'entrée du côté de la cour et du côté du jardin, sont d'invention moderne et probablement de 1807.

La vue passait sous cette voûte ; on peut se rendre compte du bien plus bel effet que produisait alors l'arc de triomphe qui la précède.

Ce monument a beaucoup souffert du temps ; on y

peut remarquer, néanmoins, les colonnes de marbre noir et les deux Victoires, dont le galbe, la légèreté et la grâce ne laissent rien à désirer. Il reste encore assez des ornements du fronton, quelque dégradés qu'ils soient, pour reconnaître dans toute cette sculpture le ciseau d'artistes supérieurs (Paul Ponce ou Jean Goujon).

Vous arrivez au corps de logis du nord, dont le portail est composé de deux ordres de colonnes isolées et superposées : le dorique et le corinthien.

Bientôt vos regards sont attirés par les médaillons, les emblèmes, les chiffres multiples dont cette façade est ornée, que vous n'avez pas vus sur les autres, et qui paraissent affectés plus particulièrement à celle-ci.

Ces chiffres

ce sont ceux de Henri II, roi de France.

Ces deux D, accouplés dos à dos,

c'est le chiffre de Diane de Poitiers, sa belle maîtresse.

Ces emblèmes : des arcs, des carquois, des flèches, sont allégoriques à Diane.

Ce médaillon :

où des croissants se mêlent et s'entrelacent, c'est de
Diane qu'il s'agit.

Lisez la devise en exergue :

Donec totum impleat orbem.

(Jusqu'à ce qu'il remplisse l'univers.)

C'est de Diane de Poitiers que l'on dit galamment :

Le renom de sa beauté s'étendra bientôt jusqu'aux
bornes du monde.

Vous êtes donc devant un château royal, comme
nous vous l'avons annoncé, non-seulement par la magnificence particulière à ce corps de logis, mais parce
qu'il fut souvent habité par un Roi... (Henri II).

Quelques édits et déclarations de ce roi sont datés
d'Ecouen, mars 1557 et 1558.

C'est évidemment au roi Henri II que s'adresse le

médaillon, distribué en profusion sur ce corps de logis.

Il représente un soleil levant (soleil naissant), dont les rayons, chassant au loin les nuages et les tempêtes, rendent le calme à la mer agitée et font briller l'arc-en-ciel, signe de nouvelle alliance et de la fin des jours mauvais.

C'est l'histoire entière de la perte et du retour de la faveur royale pour le Connétable, et l'expression de sa reconnaissance.

Cette interprétation est appuyée par la devise grec-que en exergue :

ΑΜΗΧΑΝΙΑΣ· ΕΥΕΡΙΣΤΙΑ·ΠΕΡΙ.

Mot à mot :

Embarras, bonne réussite : autour.

Librement :

Le bonheur succède aux tribulations[1].

1 Proverbialement : Après la pluie vient le beau temps.

« On fera remarquer, pour les personnes qui tiennent *aux dates*, que ce corps de logis doit avoir été bâti après les trois autres ; que son achevement, ou au moins son ornementation, sont nécessairement postérieurs à la mort de François Ier, comme nous l'avons dit, puisque tout s'y rapporte au règne de Henri II.

» Les sculptures, quoique très-bonnes, ne paraissent pas cependant devoir être attribuées aux maîtres qui ont exécuté celles des autres façades, d'une main si ferme et si légère à la fois.

» Maintenant, traversez le rez-de-chaussée : vous voici sur la terrasse ; contemplez la plus belle façade extérieure du château ; regardez ensuite le panorama qu'elle domine, cette riche plaine parsemée de villages, les hauteurs non moins productives et non moins habitées qui la bordent ; assez loin pour que la vue se développe, assez près pour qu'elle ne se perde pas dans l'infini : cadre pittoresque d'un tableau magnifique ; palais, terrasse et perspective, rien n'est véritablement plus royal (comme disaient nos pères) !

» Vous entrez au château ; à la blancheur de ces murs, de ces escaliers, ne diriez-vous pas que ces pierres sortent de la carrière ! elles sont là depuis près de trois siècles.

» — Au rez-de-chaussée, salles énormes, hautes de 5 m. 20 c. ; rien de remarquable, si ce n'est leur énormité et leur abandon.

» Au premier étage, à gauche, vaste salle dans le pavillon nord-est ; plus de carreaux de marbre, de

sculptures, de beaux vitraux; la somptuosité princière
a disparu, il n'en reste que cette grande cheminée
en marbre ; la fresque au-dessus représentant, dit-on,
un sacrifice de Salomon, et quelques arabesques ; aux
embrasures des croisées et aux poutres.

Nous dirons ici, pour n'y plus revenir, que tel est
à peu de chose près l'état général des appartements
que vous allez parcourir ; quand on a dû croire tout
perdre, on est disposé à se contenter du peu qui
reste, mais on aurait pu, on pourrait vous en rendre
davantage ; ces *découverts* vous indiquent qu'il existe
sur ces poutres, sur ces murs, d'autres peintures,
d'autres arabesques, d'une exécution tout aussi par-
faite.

« Il y a défense de plus *débarbouiller !!* Le peu que
vous voyez et que vous allez voir est dû à l'instinct
d'un bon et honnête concierge, qui soupçonna que,
sous le badigeon repandu partout et sur tout, il
pourrait bien exister d'anciennes peintures. Le digne
M. Bernard (c'était son nom) se mit à laver, à laver,
et bientôt il vit apparaître arabesques et fresques ; un
jour qu'il était au fort de son occupation, survint
un monsieur (en ayant le droit probablement,) qui
lui dit sèchement de ne pas se mêler de ce qui ne le
regardait pas et lui défendit expressément de continuer : il obéit. Ce malencontreux badigeon fut ap-
pliqué avant l'entrée en possession des dames de la
Légion-d'Honneur... Sans doute, il y avait des choses
à cacher ; il en était beaucoup d'autres qu'on aurait
pu, qu'on aurait dû laisser, c'étaient des sujets pieux ;

mais il aurait fallu choisir, désigner; il fut bien plus expéditif de dire : *Barbouillez...* Tout fut barbouillé : aujourd'hui, il faudrait s'entendre avec quelques artistes, leur confier *les* *découverts* à faire, et les charger de restaurer... Ne touchez pas ! est plus tôt dit. *tarin ab arrelan obnarp al tal tnavn mo*

onVous entrez de plain-pied dans la première pièce du corps de logis faisant face au nord, celui que nous avons désigné sous le nom d'habitation royale, et vous y retrouvez des preuves de la justesse de cette dénomination : la salle où vous êtes est celle *des gardes*; elle a 5 mètres de haut, soit 17 pieds (cette hauteur est partout la même à cet étage); la cheminée très-remarquable de cette salle est composée de marbres divers; elle est chargée d'attributs guerriers, et de deux statues de Victoires ailées, en marbre blanc, le tout rehaussé d'or; les creux des médaillons, actuellement remplis en marbre uni, ont dû contenir les armes de France et des Montmorency. La frise supérieure et les poutres sont ornées d'arabesques en camayeux, blanc sur bleu de ciel; on y remarque des croissants, des amours, des animaux, des satyres prodigieusement impudiques.

A la suite, vous entrez dans le pavillon nord-ouest, par la grande salle, dite de Pépin le Bref, à cause de la fresque du trumeau de cheminée représentant Pépin qui terrasse le taureau; à droite et à gauche sont Mars et Pallas.

En approchant des fenêtres, vous retrouvez la vue que vous avez eue de la terrasse; mais plus développée sur la gauche, et, pour ainsi dire, à vol d'oiseau : elle est selon nous encore plus magnifique.

En retour d'équerre vous entrez dans le corps de batiment à l'ouest, entre la cour et le jardin. Il est à croire que, du premier étage du corps de logis où nous sommes, on avait fait la grande galerie du château; cette galerie est précédée d'une chambre de moyenne grandeur; à droite, vous remarquerez un petit cabinet donnant sur le jardin, dont la peinture, fond blanc rehaussé d'or, est d'une grande richesse.

Dans la galerie, vous verrez aux embrasures des croisées quelques découverts. Vous apprécierez le dessin, le coloris, l'expression de ces fresques; vous regretterez de ne pouvoir jouir de celles qui sont encore cachées; vous vous étonnerez que cette galerie, qui a dû être magnifiquement éclairée par de très grandes croisées ouvrant sur les jardins, soit laissée dans l'obscurité qu'on lui a faite en murant les fenêtres au couchant, lors de l'établissement dans ce local d'un des grands dortoirs du pensionnat, et qu'elle demeure privée de la libre vue du ciel ainsi que de l'agréable aspect du parc et des environs.

Un plus grand désappointement vous est réservé : jetez les yeux sur la frise supérieure; là, comme dans une des pièces qui précèdent, vîtes-vous jamais rien de plus baroque ! Quel en fut l'auteur? jusqu'à présent point de réponse à cette question. Vous venez de quitter les œuvres des artistes italiens des bons faiseurs; leurs jolies arabesques, si légères, si gracieuses, courant, s'arrêtant, se confondant, se démêlant pour courir de nouveau; tout cela si frais, si ingénieux : vous êtes encore sous le charme : maintenant, vous voici en face des ornements les plus lourds, les plus bizarres qui se puissent imaginer; le bleu, le blanc, le rouge, toutes les couleurs tranchantes s'y choquent désagréablement; c'est un mélange, un chaos de colliers de perles, de globes de verres, où flambent... oui! où flambent des bouts de bougies! Puis ce sont des gaînes surmontées de chauves-souris, des lignes tourmentées, des branches vertes sur un fond bleu, tout ce que le mauvais goût, la peinture sans art, ont pu inventer et exécuter de plus monstrueux.

Comment cela se trouve-t-il là? est-ce un jeu d'artistes italiens, qui ont voulu imiter les peintres français de l'époque, et les mettre en regard de leur supériorité?

Le maître du logis, amateur illustre, aura-t-il voulu employer des artistes français, leur donner occasion (eux sans doute les plus forts de l'époque) d'exécuter leurs plus *belles pages*, afin de faire ainsi tracer par la peinture elle-même sa propre histoire?

A-t-il voulu que la postérité, venant à comparer le travail des artistes français à celui du Primatice ou de ses élèves, pût se dire : Telle était la barbarie! telle fut la renaissance, et apprécier d'autant plus tout ce dont elle est redevable au goût éclairé et à la magnificence du prince? On ne sait; mais on a besoin de croire à de hautes pensées pour expliquer une anomalie si étrange et pour surmonter le dégoût qu'inspire cet affreux salmigondis.

Vous voici parvenus au pavillon sud-ouest éclairé sur l'entrée du parc ; les peintures des frises et des pilastres sont du même faire que celui des pièces qui précèdent ; le fond seulement en est plus riche, le bleu de ciel est remplacé par des rayures brun et or : deux ou trois médaillons camaïeux gris sur gris doivent être remarqués ; leur gentillesse de conception et d'exécution ressort d'autant mieux qu'ils sont entourés des œuvres des mauvais faiseurs déjà signalés.

La fresque de la cheminée représente Coriolan chez les Volsques : sa mère le sollicite de revenir à Rome.

En entrant au corps de logis du sud, nous retrouvons les bons artistes ; dans cette salle à manger, si grande qu'il a fallu y construire une cheminée à chaque bout, combien toutes les peintures sont jolies ! aux poutres, aux frises, aux embrasures, de toutes parts des fruits à cueillir, des oiseaux qui s'envolent.

Les cheminées, peintes à fresque, représentent, l'une un paysage *dit* de Judée (sans garantie du gouvernement ni de la nôtre) ; au-dessous un médaillon : le songe de Jacob.

On voit à l'autre cheminée Ésaü à la chasse, et, dans le médaillon au-dessous, la bénédiction de Jacob par Isaac.

Remarquez les figures et ornements d'encadrement ; gens et bêtes, c'est la perfection.

Vous allez monter au plus haut ; vous traverserez une pièce, qui fut la bibliothèque des anciens maîtres, bibliothèque nombreuse, et célèbre; en 1550, un seigneur châtelain *liseur*, c'etait phénomène!

En 1807, ce local est devenu la lingerie du pensionnat. Les murailles sont revêtues en partie d'une boiserie qui pourrait bien provenir de celles enlevées à la chapelle.

Arrivés dans une des tourelles du château, prenez de bonnes lunettes et vous apercevrez plus de vingt lieues de pays en ligne droite; même à la simple vue, vous distinguerez très-bien la ville de Dammartin, quoiqu'elle soit à vingt ou vingt-cinq kilomètres de distance (cinq ou six lieues).

Redescendus au rez-de-chaussée, très-grande salle dont les poutres, les frises et les embrasures sont de même style que les salles du premier étage; sur la cheminée est représentée la reine de Sabá faisant visite à Salomon.

La CHAPELLE et l'oratoire, à côté, vont appeler toute votre attention; beaucoup de choses en ont été enlevées, comme nous vous l'avons dit; mais toute la partie supérieure n'a reçu d'autre outrage que celui du temps qui ne l'a pas trop maltraitée; vous retrouvez avec de vives couleurs, et souvent repétés, l'épée du connétable à côté de son fourréau fleur-de-lysé ..

Le blason des Montmorency, l'écu à la croix de gueules, cantonné de seize aiglettes d'azur, en mémoire des étendards enlevés par Mathieu de Montmorency à la bataille de Bouvines : cet écu est accolé du blason de Madeleine de Savoye de Tende, épouse d'Anne de Montmorency) (de sable à la croix de gueules).

La devise:

ΑΠΛΑΝΩΣ.

L'écu de François Ier, de gueules, à la salamandre d'or couronnée, posée sur des flammes du même : et la devise :

Nutrico et extinguo.

(Je les entretiens et les éteins à mon gré.)

Dans un autre compartiment une des devises des Montmorency.

Fidus et verax in justitiâ judicat et pugnat.

(Loyal et franc, la justice le guide, soit qu'il juge, soit qu'il combatte.)

Le sanctuaire est carrelé du reste des débris de l'ancien carrelage de la chapelle, en faïence, de Bernard Palissy. On y retrouvé par fragments cette autre devise :

Armat tenenti omnia dat
Qui justa negat.

(L'homme de mauvaise foi avoue tout devant celui qui tient l'épée.)

Remarquez les quatre évangélistes sculptés, et auprès d'eux les figures symboliques dont on les accompagne par tradition, le tout peint ou doré à la manière du temps.

Vous ne retrouvez plus la belle boiserie dont nous

avons parlé ; mais vous pouvez en juger par la beauté de la sculpture en bois de la grande tribune, en face de l'autel, et de celle au devant de la tribune du petit oratoire. que comme curiosité intéressante. en a voir

, Remarquez aussi la délicate sculpture de l'extrémité inférieure des consoles en_pierre qui soutiennent la grande, tribune, notamment, le petit cygne, sous la console à droite. Un Anglais, dit-on, en a offert un prix fabuleux : vingt-cinq mille francs. que y air

—Lé petit oratoire mérite d'être vu à cause des peintures de sa voûte, mieux conservées encore que celles de la grande chapelle. upbod les bords si up ni

—Si nous avons pensé que l'achèvement du corps de bâtiment au nord devait dater de 1557, en raison des différentes circonstances que nous avons signalées, nous sommes porté à croire, par des motifs analogues, mais rétrospectifs, que la construction de cette chapelle a précédé la réédification du château. Nous fondons notre opinion à cet égard sur son architecture ogivale en désaccord avec celle du château ; sur les ornements que vous venez de voir. Il n'est pas présumable que le connétable, disgracié par le roi, eût songé à faire orner de l'écu royal les voûtes de sa chapelle. — Comme on ne retrouve dans aucune autre partie du château la reproduction de cet écu, il faut croire qu'il fut peint à la voûte de la chapelle à l'époque où François Ier venait séjourner à Écouen. On a de lui une ordonnance datée de ce lieu le 4 juillet 1527. Alors existait bien l'ancien château, et non le nouveau, qui n'a été commencé qu'après la dis-

grâce, en 1545. Enfin on lit sur les vitraux de la petite chapelle le millésime 1544.

Ici se terminerait votre visite au château ; mais on
vous fera voir, comme curiosité historique plutôt
qu'autrement, une grande pièce au rez-de-chaussée,
à l'extrémité nord de la galerie, pratiquée entre la
cour et la pelouse. Dans cette pièce, agencée à la moderne, tendue en papier peint, maintenant délabré,
se trouve une cheminée de marbre gris, surmontée
d'une glace en trumeau : c'est là que l'empereur Napoléon était reçu lors de ses visites au pensionnat,
c'est là qu'il recevait les bouquets et les hommages
des pensionnaires, qu'il les interrogeait et les com-
plimentait.

— Remarquez le carrelage de cette pièce, c'est un mélange le moins incohérent que possible des derniers
débris de ces carreaux de faïence de Palissy dont était
pavée une grande partie des appartements du château ;
du peu qu'il y a dans la chapelle, et de ceux-ci, vous
pouvez dire :

D'un ouvrage si beau, voilà tout ce qui reste.

Ne vous étonnez pas des disparates, des rapproche-
ments étranges. Les fruits, les épées, les armures, les
légendes, les blasons, les figures, tout est rompu,
mêlé, disséminé ! N'en ayons pas moins de reconnaissance pour l'artiste habile et patient qui a pu tracer
une sorte de dessin et d'arrangement à travers tant de
désordre : il a fait œuvre de piété artistique ; car, sauf

l'immense distance entre les choses sacrées et les choses profanes, les débris que vous voyez sont aussi des *reliques* bien précieuses. aux beaux-arts

Le PARC n'a jamais été considérable, il pouvait contenir 10 hectares environ (19 à 20 arpents); mais il avait de grandes dépendances et de nombreux débouchés au dehors : le plus remarquable était du côté de la pente douce, qui s'étend au nord ; de ce côté des ormes séculaires formaient une grande allée, flanquée de deux autres plus petites, qui descendaient jusque dans ces immenses plaines.

On peut se représenter Henri II, Diane de Poitiers, le connétable, leurs gentilshommes, leurs dames, et autres grands et brillants seigneurs, avec leur nombreuse suite, remplissant ces allées, et partant pour la chasse, le faucon au poing. Dignité, beauté, grâce, dextérité, splendeurs de toutes sortes ; quel magnifique spectacle ! *plaisant à tous*... comme on disait alors...

Peintres et poëtes, ne vous attendez plus à de semblables tableaux ; la noblesse, l'élévation, la délicatesse, la galanterie, tout ce qui vous inspirait le mieux n'est plus guère dans nos mœurs. Le littérateur *pour vivre* doit faire des feuilletons, des physiologies ou des almanachs, et le peintre faire des portraits.

A l'époque de l'établissement du pensionnat, les 10 hectares que contenait le parc ne parurent pas suffisants à l'empereur Napoléon ; il y fit ajouter 8 hectares (16 arpents), au total 18 hectares (36 arpents

environ), et le tout fut et est encore entouré de
murs élevés de 3 mètres (9 pieds environ).

Sur une des hauteurs au-devant du parc, mais au
dehors, près du mur de clôture, se voit un poste télé-
graphique, il est sur la ligne de Montmartre à Lille
(Paris ! Bruxelles !)

Parcourez le parc peu soigné, presque inculte,
vous jouirez d'échappées de vue charmantes ; qui,
par la disposition des allées et de leurs ronds-points,
forment autant de tableaux distincts et délicieux.

A droite sur les hauteurs, ce sont les villages de
Chatenay, ravagé en 1838 par une trombe ; presque
tous les Parisiens vinrent visiter ce désastre ; Mareil,
Champlâtreux, dont le château, le parc, les riches
entours appartiennent à M. le comte Molé et sont hé-
réditaires dans cette noble famille ; Saint-Martin-
Dutertre; Franconville. Dans la plaine à votre droite,
Bouqueval, Plessis-Gassot, Mesnil-Aubril ; à gauche
Villiers-le-Sec, Attainville.

Au premier rond-point, sur la hauteur Maffliers,
Monsoult, Daumont, le château du Lua; dans la
vallée, Ezanville.

Au second rond-point, Blémur, Piscop, Saint-
Brice et les hauteurs de Montmorency, prises à
revers.

Au troisième rond-point, le Mont-Valérien, Montmartre, les buttes Saint-Chaumont, Romainville,
dans la plaine, Sarcelles, Saint-Denis, Garches, etc.

Descendez dans le bas du parc, vous arriverez à
une fontaine, petit monument d'une extrême simpli-

cité, dont les eaux sont un peu ferrugineuses ; elles sont renommées dans le pays, comme plus douces que celles des autres fontaines du village ; les malades et les personnes délicates ont obtenu jusqu'à présent assez facilement la permission d'en envoyer prendre.

En face et à quelques pas de la fontaine est un grand bassin rectangulaire, destiné à recevoir l'eau qui en découle. Elle s'y rassemblait autrefois belle et transparente ; maintenant le bassin, ruiné de toutes parts, ne présente qu'un bourbier fangeux envahi par les roseaux qui s'y pressent ; il serait fort dangereux de descendre ou de tomber dans cette fondrière.

Cette fontaine fut nommée Palatine, en l'honneur d'Anne, palatine de Bavière, femme de Jules de Bourbon, fils du grand Condé.

Lors de l'occupation par les demoiselles de la Légion-d'Honneur, la même fontaine reçut le nom d'Hortense, nom qu'on peut encore deviner, lorsqu'on a la patience d'étudier les traces que présentent les trous où étaient scellées des attaches des lettres de bronze doré.

Remontez auprès du château, faites-vous indiquer l'allée et le bosquet circulaire des *Platanes :* c'était en ce lieu que les demoiselles de la Légion-d'Honneur venaient aux beaux jours prendre leurs récréations.

En quittant ce bosquet et à quelques pas de l'entrée de l'allée qui y conduit, existait, il y a deux ans, *l'arbre du Connétable ;* c'était un beau platane trèsélevé qu'on apercevait de la grille d'entrée, et dont

le pied était protégé par une sorte de banquette en
gazon ; on en attribuait la plantation au connétable
lui-même, et l'on vénérait ce patriarche des végétaux
du lieu. Un inspecteur des forêts de l'État (de quel
droit venait-il dans un domaine enclos, où la Légion-
d'Honneur est rentrée en propriétaire exclusif? Enfin
il y est venu) n'a vu dans ce patriarche, qu'un *vieil
arbre*, dont il a impitoyablement ordonné l'abatage,
ce qui a été fait ; débité en fagots et en bûches, il a
produit un capital de... trente francs !

Plus de sentiment poëtique ! La piété des souvenirs,
la vénération, tout cela s'efface.

Enfin, examinez la masse extérieure du château,
la conservation, l'éclat de la pierre, qu'on pourrait
prendre pour un précieux granit, la beauté, l'har-
monie de cet ensemble si imposant et si gracieux.

N'êtes-vous point étonnés qu'un architecte en renom ne soit pas chargé de la direction des travaux, de
conservation et d'entretien de ce beau monument, ou
que cet architecte, s'il y en a un commissionné, dé-
daigne de s'en occuper personnellement, se reposant
probablement sur un simple conducteur de travaux ?
Déjà nous avons signalé la brusque défense donnée au
concierge Bernard de continuer à mettre les fresques
en lumière ; à présent voyez ces millésimes, peints en
noir, deçà delà, sur les murs du château... 1840,
1841, etc. Du côté de la cour vous avez pu remarquer 1839 et autres ; vous vous demandez la cause
et le but de ces étranges stigmates... Il faut croire
que le conducteur des travaux, au lieu de se tracer

un plan d'élevation du château, pour aider sa mémoire, a trouvé beaucoup plus simple et plus expéditif, pour lui, de dire aux ouvriers et entrepreneurs :
A mesure que vous ferez une réparation dans une
partie du château, vous la timbrerez du millésime de
l'année où cette réparation aura été faite..... ! Par
succession de temps l'extérieur du château ressem-
blera au visage d'une vieille douairière surchargé de
mouches !!!. O béotisme hideux !!

Ainsi de toutes parts l'esprit, le sentiment artistique nous abandonnent ! Bientôt même, hélas ! l'indi-
gnation à ce sujet sera à peine comprise !! tant les
créations du *positivisme* de notre époque, machines,
usines, chemins de fer, etc., préoccuperont ou absor-
beront toutes les intelligences.

— Ne sortez point du pays sans aller voir sur la place
de l'Église le magnifique marronnier non moins beau,
non moins vieux que ne l'était l'arbre du connétable, mais qui n'est pas dans la juridiction de mes-
sieurs les inspecteurs forestiers.

Entrez dans l'église, monument très-remarquable
et sur lequel nous pourrions vous donner des détails
pleins d'intérêt ; mais un motif qu'on appréciera
nous arrête, déjà quelqu'un en a consigné un grand
nombre dans un petit écrit très-bien fait, imprimé
aux frais de la commune, *et qui se vend au profit
des pauvres* ; vous le trouverez facilement dans le
pays.

Ma tâche n'est pas terminée ; ma notice a aussi
pour but de réveiller l'attention de l'administration

de la Légion-d'Honneur, sur le CHATEAU et sur le
VILLAGE d'Écouen :

« *Non delectatio nobis causa, sed utilitas officiumque fuit.* »

Au temps de madame Campan, l'affluence était
grande, l'aisance se répandait dans Écouen... on ac-
courait... on se fixait dans ce joli pays... haut placé...
spécialement salubre..., ombreux... pittoresque !

Il est toujours le même ! Pourquoi n'est-il pas
autant fréquenté ? Parce que le château est désert !...

Que la Légion-d'Honneur, qui est subventionnée
par l'État, utilise le château pour elle, ou qu'elle en
tire un produit ; en un mot, *que le château soit habité*
Il y aura profit pour la Légion-d'Honneur, diminu-
tion de charge pour l'État, avantage pour le pays,
agrément pour tous.

Ces considérations méritent, ce nous semble, que
l'administration *s'occupe enfin utilement* du château
d'Écouen. — *Propriétaire*, qu'elle mette un terme à
l'état de *non-valeur* dans lequel elle laisse depuis si
longtemps *sa propriété*.—Indifférence jusqu'à présent
inexpliquée, blâmée dans la Légion, dans le public,
contre laquelle des voix se sont élevées dernièrement
à la chambre des députés, et qui ne peut manquer,
on doit le croire, d'attirer bientôt à l'administration
de la Légion-d'Honneur les reproches du gouvernement.

Cette administration accueillera certainement et

mettra promptement à exécution ces observations, ces conseils dictés par le zèle et le dévouement vifs et sincères auxquels la Légion-d'Honneur et le village d'Écouen ont droit de s'attendre de notre part.

TABLE.

TYPOGRAPHIE
LACRAMPE ET COMP.,
rue Damiette, 2.

* 9 7 8 2 0 1 3 4 9 3 7 7 2 *